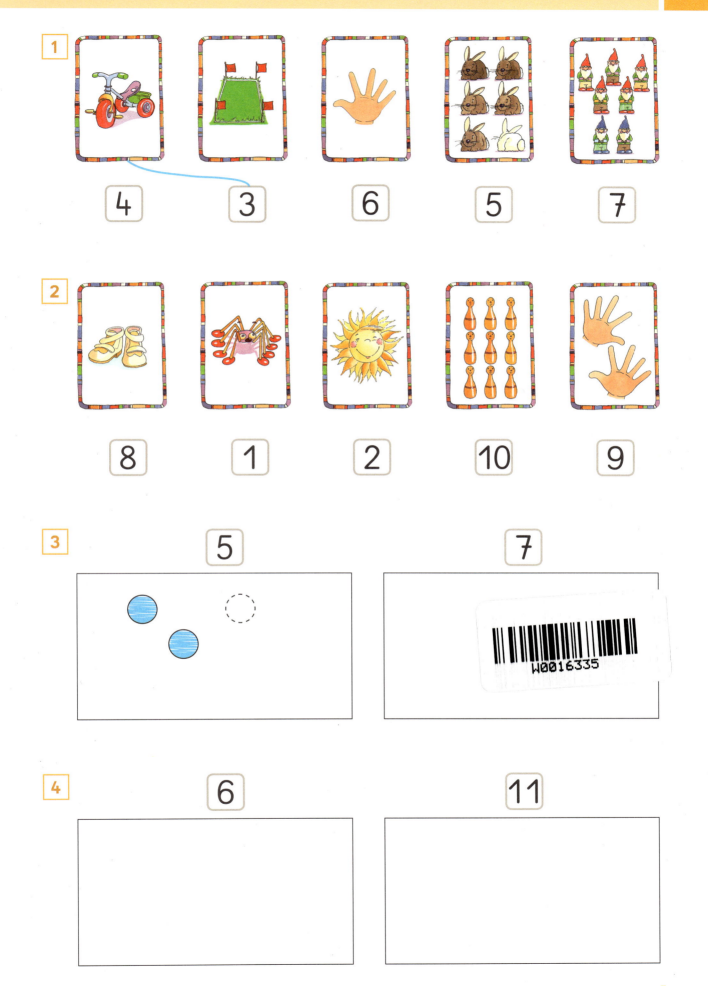

Die Zahlen 3 und 4

zu den Seiten 8/9

1 – 2 Passendes Würfelbild malen. Rechenschiff färben. Ziffern schreiben.

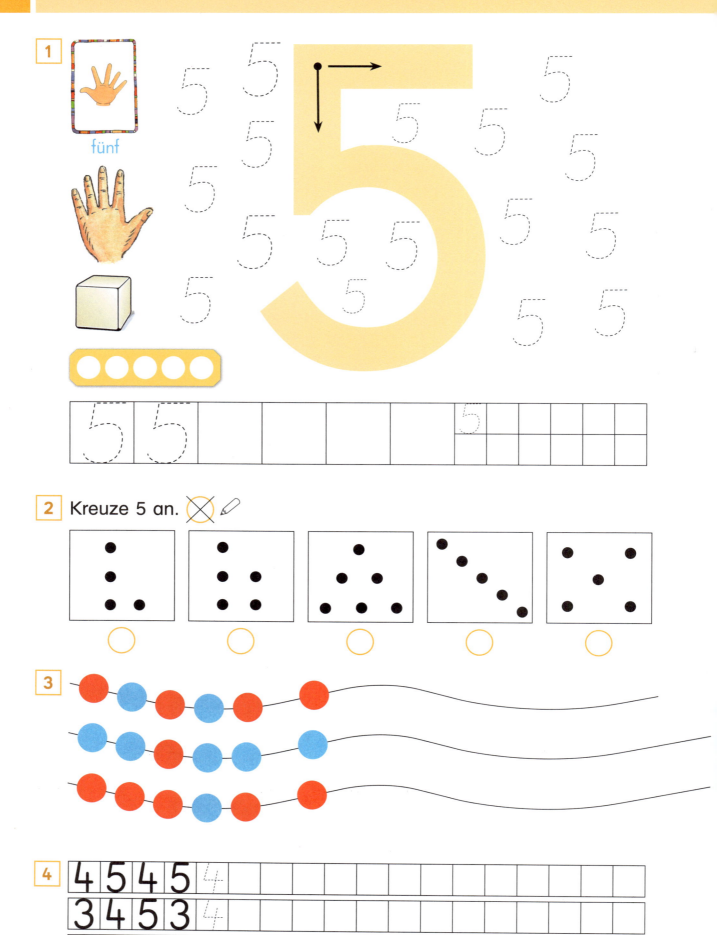

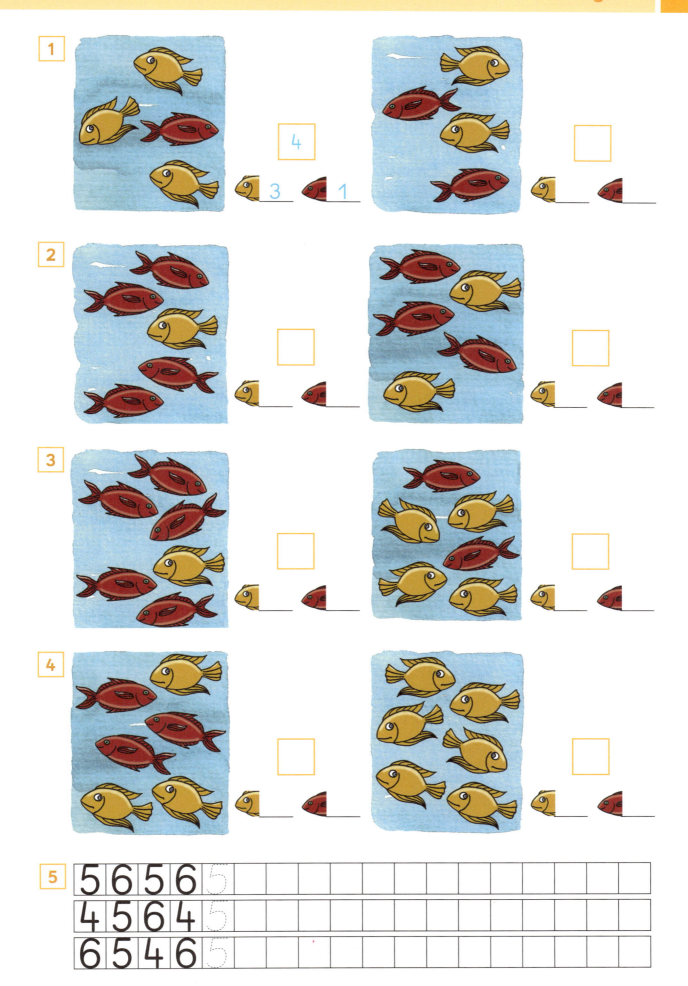

Die Zahlen 6 und 7

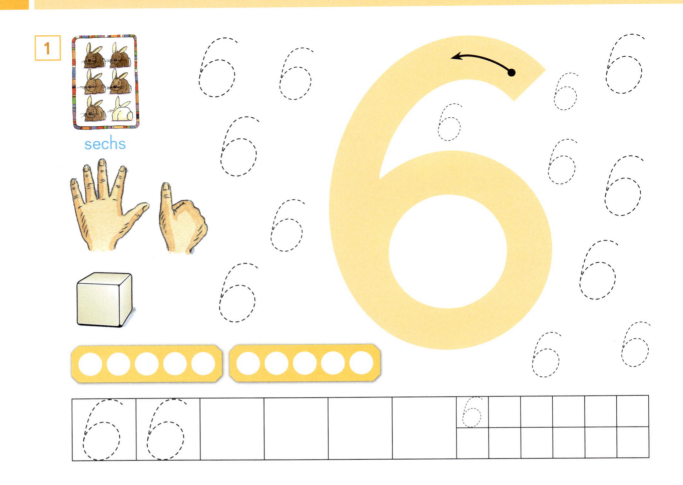

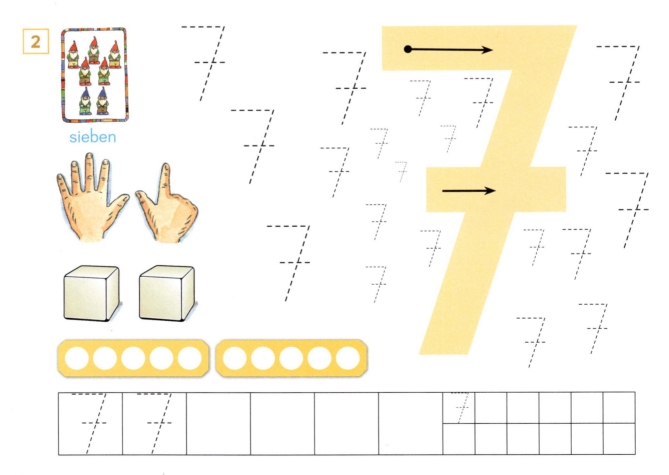

1 – **2** Passendes Würfelbild malen. Rechenschiff färben. Ziffern schreiben.
Beim Würfelbild zur 7 gibt es verschiedene Möglichkeiten, die Anzahl zu zerlegen.

Links – rechts

zu den Seiten **12/13**

1 – **3** Was sieht Timo links, was sieht er rechts? Die passende Hand färben (links: lila, rechts: rot).

zu Seite 14

Anzahlen bestimmen

1

2

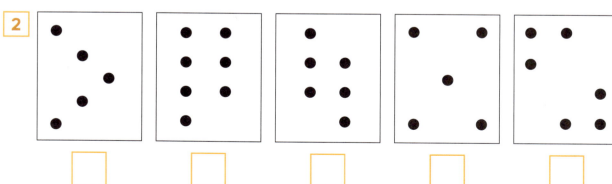

1 – **2** Zahlen eintragen.

Die Zahlen 8 und 9

zu Seite **15**

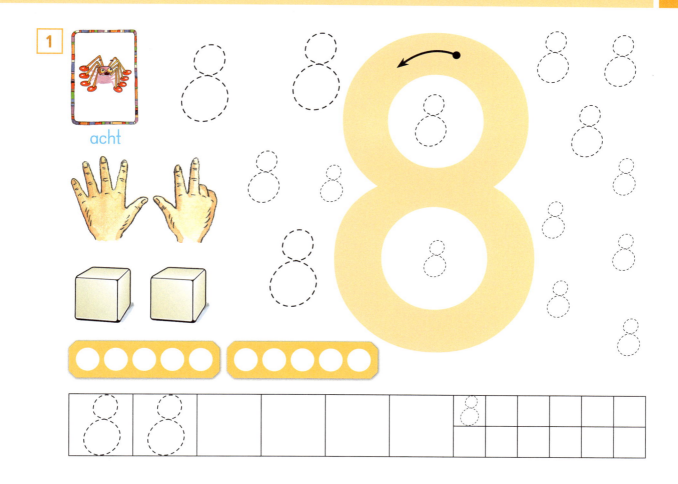

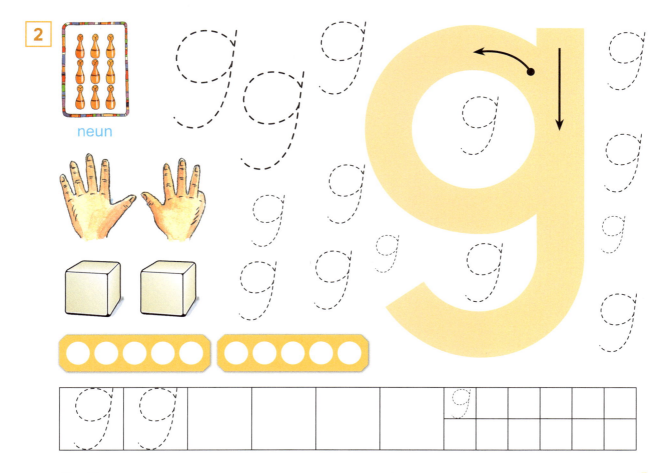

1 – **3** Passendes Würfelbild malen. Rechenschiff färben.
Bei den Würfelbildern zu den Zahlen 8 und 9 gibt es verschiedene Möglichkeiten, die Anzahl zu zerlegen.

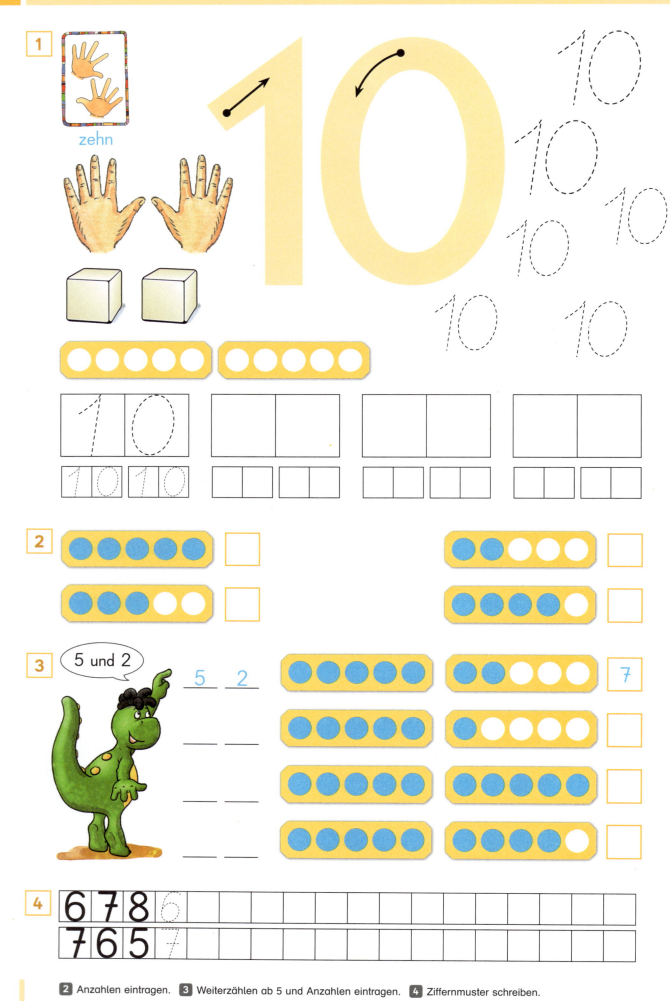

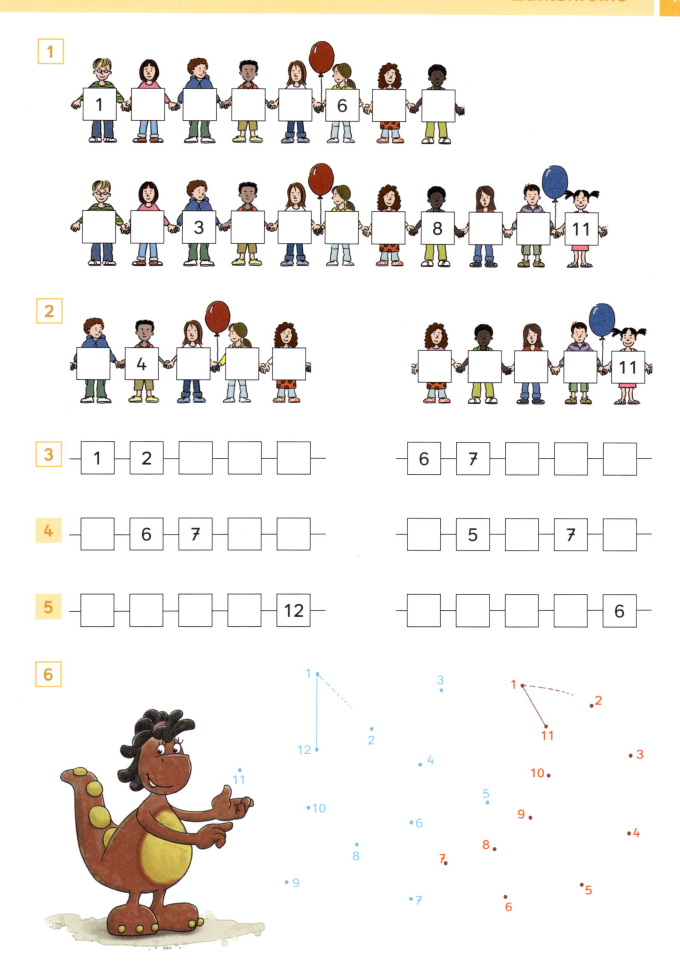

Zerlegen

1 Immer 6

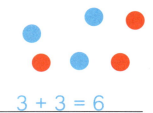 

　　3 + 3 = 6　　　　　1 +

2 Immer 8

3 Immer 10

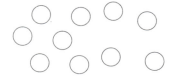 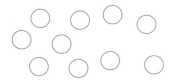 

4

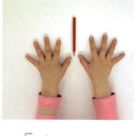   

　5 +

Aufgabe und Tauschaufgabe

zu Seite 24

1

2 + 3 = _____   __ + __ = _____   __ + __ = _____
3 + 2 = _____   __ + __ = _____   __ + __ = _____

2

3

4

5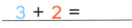

3 + 2 = _____   1 + 3 = _____

5 Passendes Bild zur Aufgabe malen. Tauschaufgabe schreiben.

Ergänzen

1   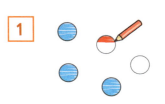   3 + 2 = 5   1 + ___ = 5   2 + ___ = 5

2   5 + ___ = 8   2 + ___ = 8   4 + ___ = 8

3   7 + ___ = 9   5 + ___ = 9   3 + ___ = 9

4   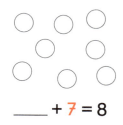   ___ + 2 = 6   ___ + 4 = 6   ___ + 5 = 6

5   ___ + 6 = 8   ___ + 1 = 8   ___ + 7 = 8

6   ___ + 1 = 9   ___ + 6 = 9   ___ + 4 = 9

Hinzukommen

zu Seite 26

1

5 + 2 = _____

2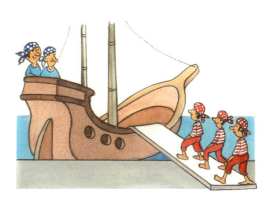

_____

3

_____

4

_____

5

_____

6

_____

7

_____

8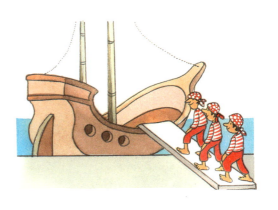

_____

1 – **8** Plus-Aufgaben schreiben.

Addieren mit Rechenschiffen

1

4 + 3 = ____   ___ + ___ = ___

2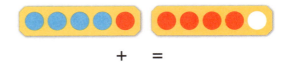

_____   _____

3

_____   _____

4

_____   _____

5

_____   _____

6

4 + 3 = ____   3 + 5 = ____

7

4 + 5 = ____   3 + 6 = ____

8

5 + 3 = ____   6 + 2 = ____

9

7 + 2 = ____   5 + 4 = ____

6 – 9 Malen und rechnen.

Addieren am Rechenstreifen

zu den Seiten **29/30**

1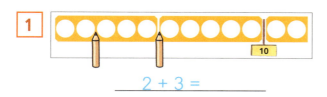
2 + 3 =

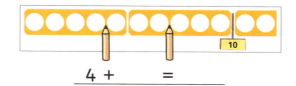
4 + =

2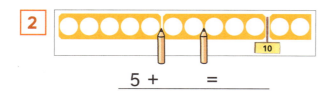
5 + =

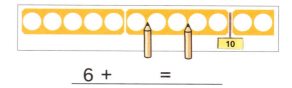
6 + =

3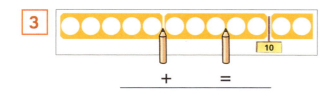
+ =

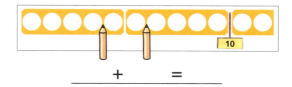
+ =

4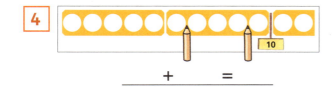
+ =

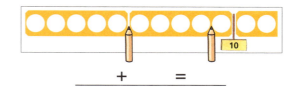
+ =

5
5 + 3 =

3 + 3 =

6
6 + 2 =

4 + 3 =

7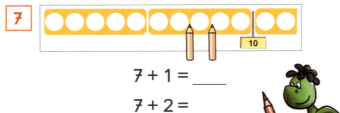
7 + 1 = ___
7 + 2 = ___
7 + 3 = ___
7 + 4 = ___

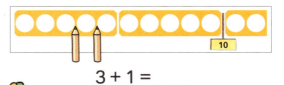
3 + 1 = ___
3 + 2 = ___
3 + 3 = ___
3 + 4 = ___

1 – **4** Plus-Aufgaben ablesen und schreiben. **5** – **6** Stifte zeichnen und rechnen.
7 Stift an der Beilage passend weiterschieben. Plus-Aufgaben rechnen.

17

Übungen zum Addieren

Zerlegen

zu Seite 31

1

1 + ___ = 3
2 + ___ = 3

2

1 + ___ = 4
2 + ___ = 4
3 + ___ = 4

3

1 + ___ = 5
2 + ___ = 5
3 + ___ = 5
4 + ___ = 5

4

1 + ___ = 6
2 + ___ = 6
3 + ___ = 6
4 + ___
_____

5

1 + ___ = 7
2 + ___ = 7
_____
_____
_____
_____

6

_____
_____
_____
_____
_____
_____
_____

7

_____
_____
_____
_____
_____
_____
_____
_____

8

_____
_____
_____
_____
_____
_____
_____
_____
_____

4 – **5** Die fehlenden Aufgaben ergänzen. **6** – **8** Selber die Aufgaben zu den Zahlenfreunden schreiben.

Symmetrische Figuren

zu den Seiten 36/37

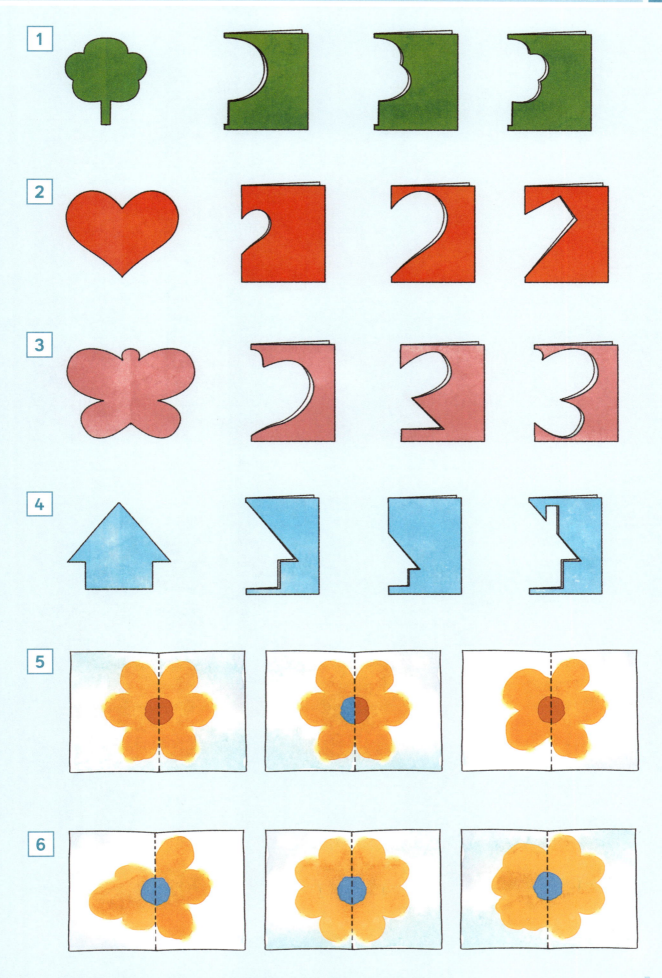

1 – 4 Woraus ist die Figur entstanden? Durchstreichen, was nicht passt.
5 – 6 Welche Bilder sind keine Klecksbilder? Durchstreichen.

Subtrahieren

1

vorher 6   6 – 1 = _____

2

vorher 5   _____

3

vorher ___   _____

4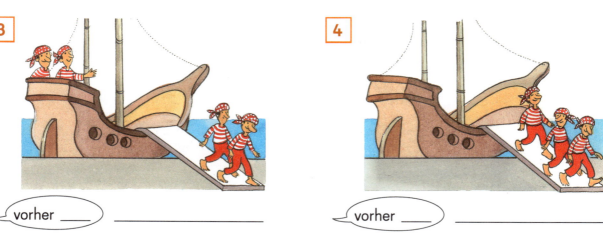

vorher ___   _____

5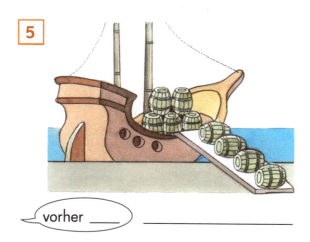

vorher ___   _____

6

vorher ___   _____

7

vorher ___   _____

8

vorher ___   _____

1 – 8 Minus-Aufgabe schreiben.

Subtrahieren mit Rechenschiffen

1)
   7 − 3 = _____

   _____

2)

   _____   _____

3) _____   _____

4) _____   _____

5) 8 − 5 = _____   5 − 2 = _____

6) 7 − 3 = _____   6 − 4 = _____

7) 9 − 4 = _____   4 − 4 = _____

8) 8 − 6 = _____   6 − 0 = _____

9) 9 − 5 = _____   10 − 4 = _____

10) 8 − 8 = _____   8 − 0 = _____

5 – 10 Malen und rechnen.

Subtrahieren am Rechenstreifen

1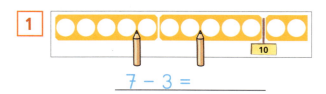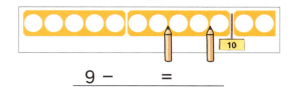

7 − 3 = _____   9 − ___ = _____

2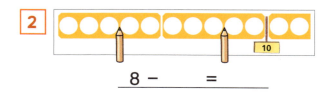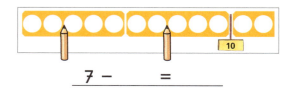

8 − ___ = _____   7 − ___ = _____

3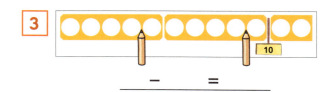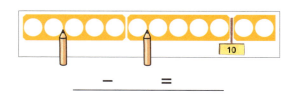

___ − ___ = _____   ___ − ___ = _____

4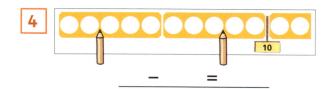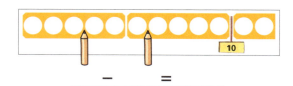

___ − ___ = _____   ___ − ___ = _____

5

8 − 3 = _____   7 − 4 = _____

6

8 − 2 = _____   8 − 7 = _____

7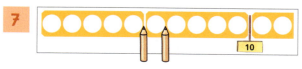

6 − 1 = ___   9 − 3 = ___
6 − 2 = ___   9 − 4 = ___
6 − 3 = ___   9 − 5 = ___
6 − 4 = ___   9 − 6 = ___

1 – 4 Minus-Aufgaben ablesen und schreiben. **5 – 6** Stifte zeichnen und rechnen.
7 Stift an der Beilage passend weiterschieben. Minus-Aufgaben rechnen.

Übungen zum Subtrahieren

zu Seite 44

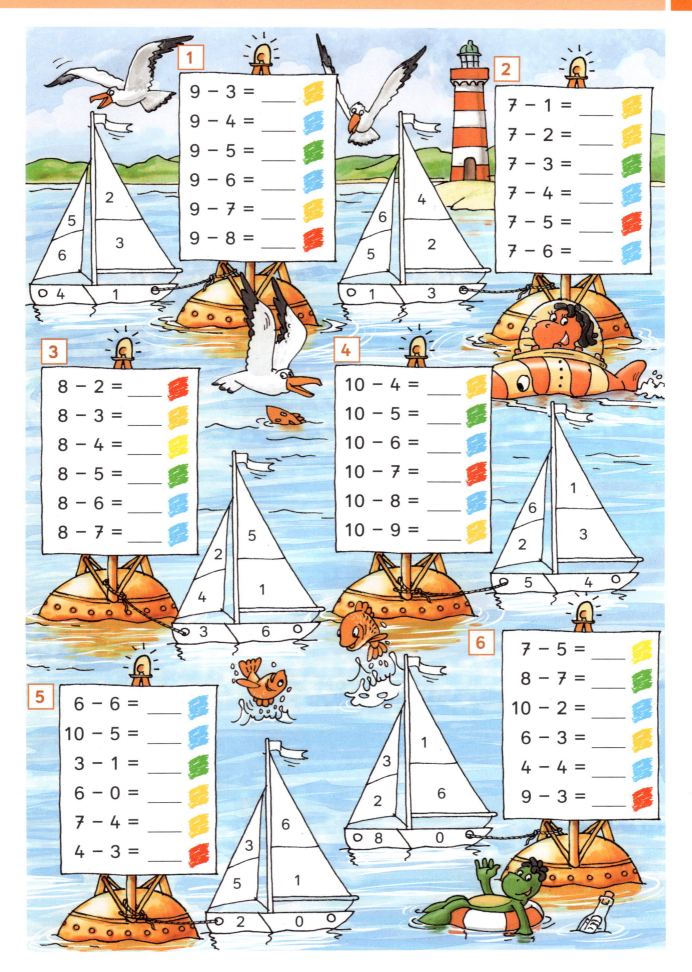

1
9 − 3 =
9 − 4 =
9 − 5 =
9 − 6 =
9 − 7 =
9 − 8 =

2
7 − 1 =
7 − 2 =
7 − 3 =
7 − 4 =
7 − 5 =
7 − 6 =

3
8 − 2 =
8 − 3 =
8 − 4 =
8 − 5 =
8 − 6 =
8 − 7 =

4
10 − 4 =
10 − 5 =
10 − 6 =
10 − 7 =
10 − 8 =
10 − 9 =

5
6 − 6 =
10 − 5 =
3 − 1 =
6 − 0 =
7 − 4 =
4 − 3 =

6
7 − 5 =
8 − 7 =
10 − 2 =
6 − 3 =
4 − 4 =
9 − 3 =

1 – **6** Immer zwei Schiffe sehen gleich aus.

Minus-Trauben

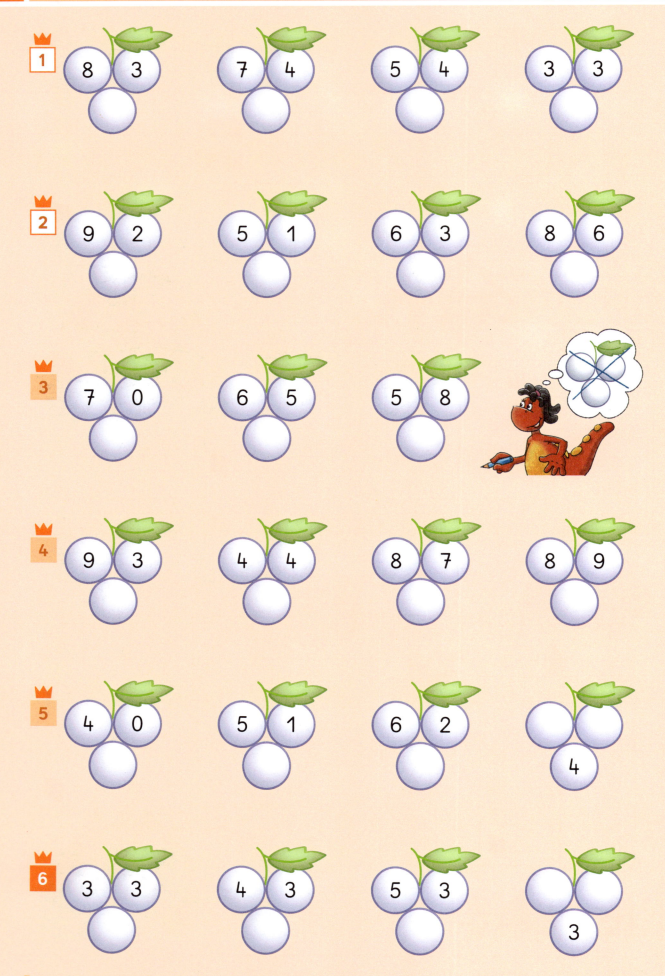

3 – 4 Eine Traube ist faul: Durchstreichen.   5 – 6 Minus-Trauben ausrechnen. Wie heißt die letzte Traube?

Minus-Segel

zu den Seiten 46/47

1   5 − 0 = ___   5 − 1 = ___   5 − 2 = ___   5 − 3 = ___

2   7 − 0 = ___   7 − 1 = ___   _____   _____

3   9 − 0 = ___   9 − 1 = ___   _____   _____

4   10 − 3 = ___   10 − 4 = ___   _____

5   6 − 2 = ___   _____

6
6 − 6 = ___
7 − 6 = ___
8 − 6 = ___
_____

7
6 − 5 = ___
7 − 5 = ___
8 − 5 = ___

8
7 − 4 = ___
8 − 4 = ___
_____

2 – **8** Fehlende Aufgaben aus dem Minus-Segel eintrgen und rechnen.

27

Aufgabe und Umkehraufgabe

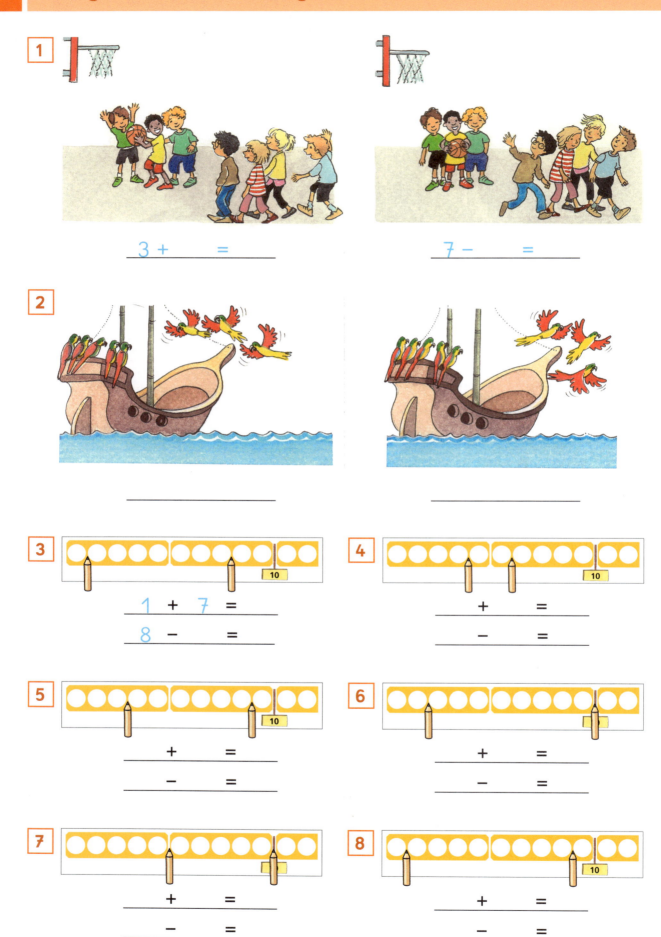

1 – **8** Plus-Aufgaben und Minus-Aufgaben schreiben.

Verwandte Aufgaben — zu den Seiten 52/53

1) 5, 3, 8
5 + 3 = ___
3 + 5 = ___
8 − 3 = ___
8 − 5 = ___

2) 4, 5

3) 8, 1

4) 6, 7

5) 7, 10

6) 3, 9

7) 5, 5

8) 3

9) 8

Pluminchen: Aufgabe und Tauschaufgabe, dazu die Umkehraufgaben.

Viele Minus-Aufgaben

1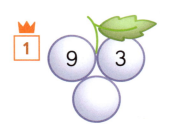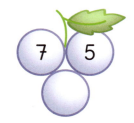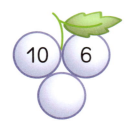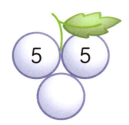

2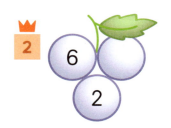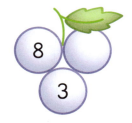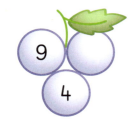

3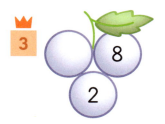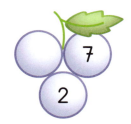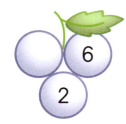

4

5 8 − ___ = 4
    8 − ___ = 6
    8 − ___ = 2

6 9 − ___ = 7
    9 − ___ = 5
    9 − ___ = 1

7 10 − ___ = 3
    10 − ___ = 6
    10 − ___ = 2

8 5 − ___ = 5
    5 − ___ = 0
    5 − ___ = 3

9 ___ − 3 = 2
    ___ − 3 = 4
    ___ − 3 = 6

10 ___ − 2 = 5
    ___ − 2 = 4
    ___ − 2 = 7

11 ___ − 4 = 4
    ___ − 4 = 2
    ___ − 4 = 0

12 ___ − 7 = 0
    ___ − 7 = 3
    ___ − 7 = 1

13 ___ − 2 = 8
    ___ + 2 = 8

14 ___ − 3 = 5
    ___ + 3 = 5

15 ___ − 4 = 6
    ___ + 4 = 6

16 ___ − 5 = 5
    ___ + 5 = 5

4 Verschiedene Minus-Trauben finden.

Muster legen

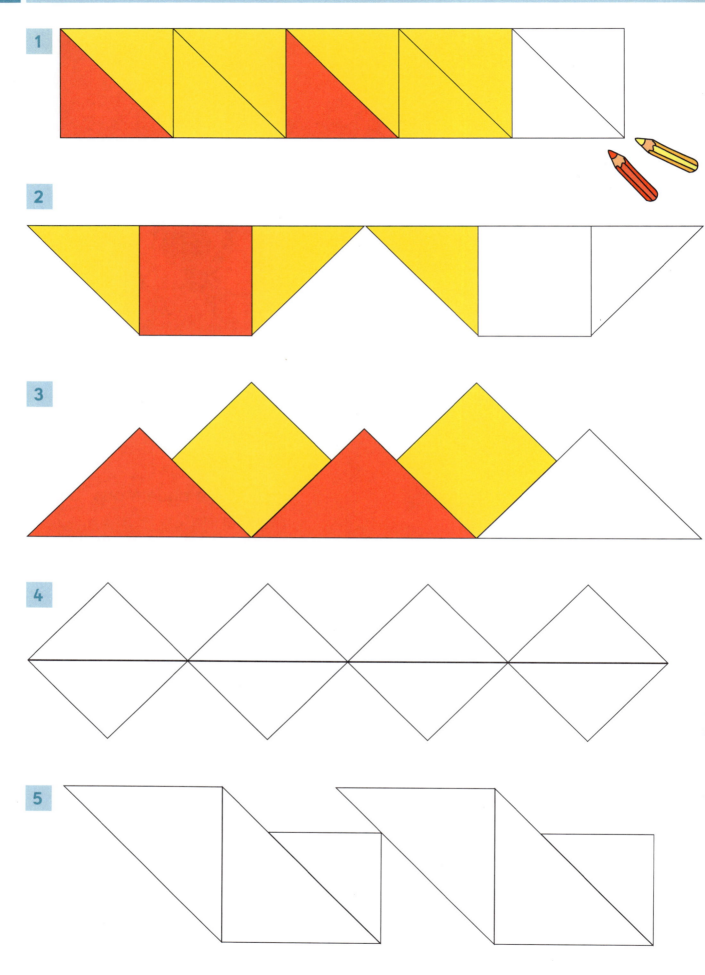

1 – **3** Erst auslegen, dann ausmalen.   **4** – **5** Ein eigenes Muster durch Ausmalen erfinden.

Zahlen über 10

9	V	Zahl	N
		11	
		15	
		13	

10	V	Zahl	N
		17	
		12	
		18	

11	V	Zahl	N
		14	
		16	
		20	

1 – **6** Die fehlenden Zahlen der Zahlenreihe eintragen.   **7** – **11** Vorgänger und Nachfolger aufschreiben.

Gerade und ungerade Zahlen

1

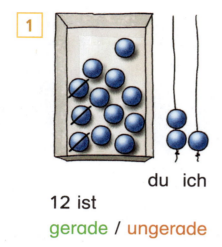
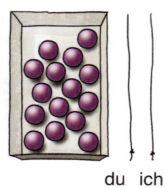
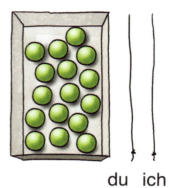

12 ist   15 ist   16 ist
gerade / ungerade   gerade / ungerade   gerade / ungerade

2

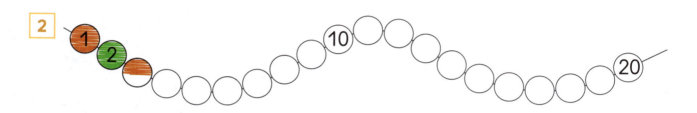

3

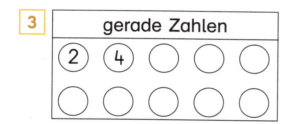

gerade Zahlen				
2	4			

ungerade Zahlen				
1	3			

4

V	Zahl	N
5	6	7
	3	
	8	

5

V	Zahl	N
	11	
	14	
	17	

6

V	Zahl	N
	7	
	18	
	20	

7

V	Zahl	N
	8	
	10	
	12	

8

V	Zahl	N
	15	
	11	
	19	

9

V	Zahl	N
	9	
	14	
	6	

1 Falsche Antwort durchstreichen. **2** Ungerade Zahlen orange, gerade grün färben. **3** Fehlende Zahlen ergänzen.
4 – 9 Vorgänger und Nachfolger eintragen, dann ungerade Zahlen orange, gerade Zahlen grün färben.

Rechnen mit 10

1

16 – ___ = ___   ___ – ___ = ___   ___ – ___ = ___

2 14 – 4 = ____   19 – 10 = ____   17 – 7 = ____
12 – 10 = ____   11 – 1 = ____   19 – 9 = ____
15 – 10 = ____   20 – 10 = ____   14 – 10 = ____
18 – 8 = ____   15 – 5 = ____   16 – 10 = ____

3 17 – ____ = 10   16 – ____ = 10   20 – ____ = 10
18 – ____ = 8   11 – ____ = 1   12 – ____ = 10
11 – ____ = 10   13 – ____ = 3   17 – ____ = 7
15 – ____ = 5   19 – ____ = 10   15 – ____ = 10

4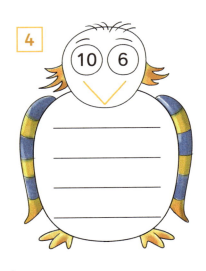

5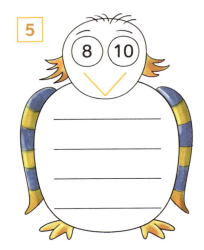

6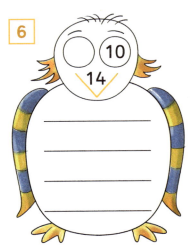

7 **8**

Kleiner, größer, gleich

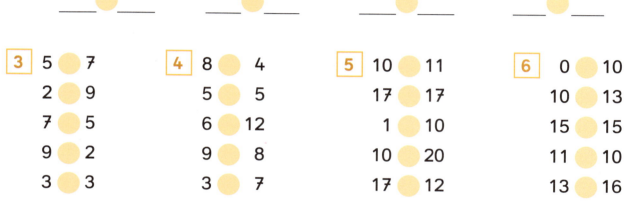

3	5 ◯ 7	4	8 ◯ 4	5	10 ◯ 11	6	0 ◯ 10
	2 ◯ 9		5 ◯ 5		17 ◯ 17		10 ◯ 13
	7 ◯ 5		6 ◯ 12		1 ◯ 10		15 ◯ 15
	9 ◯ 2		9 ◯ 8		10 ◯ 20		11 ◯ 10
	3 ◯ 3		3 ◯ 7		17 ◯ 12		13 ◯ 16

7 13 < ☐   4 18 11 19 20 6 16

8 9 > ☐   8 12 5 1 17 10 6

9 14 < ☐   17 11 15 20 19 21 9

10 2 15 19 20 7 3 14   ☐ < 15

11 20 10 5 17 9 4 13   ☐ > 7

12 3 13 22 12 7 17 0   ☐ > 11

1 – **6** Richtiges Zeichen einsetzen. **7** – **12** Passende Zahlenkarten färben.

Einkaufen

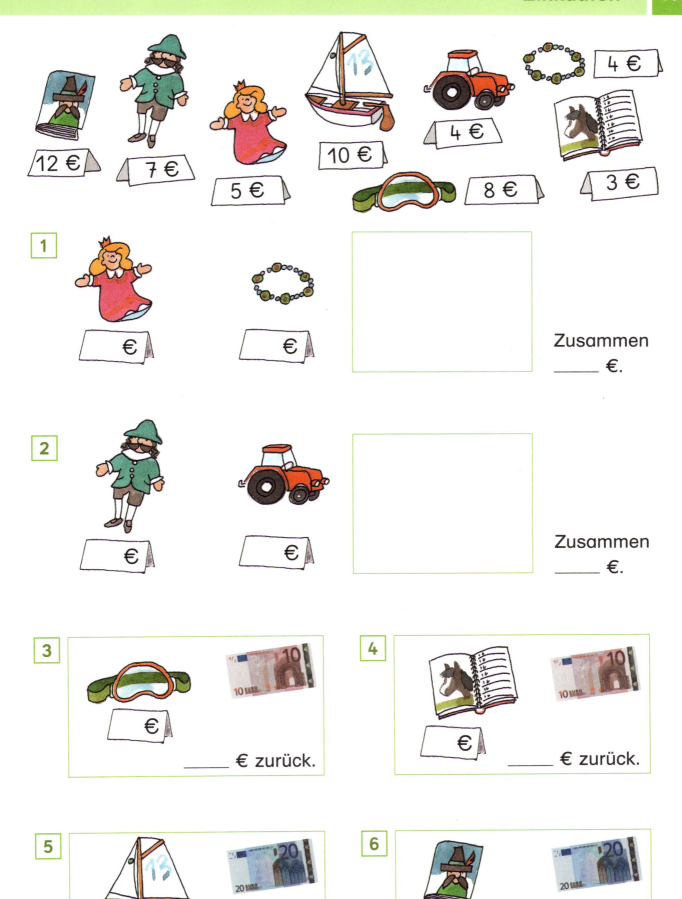

Spiegeln und Verdoppeln

1

2

3

4

5

    _____ + _____ = _____   _____ + _____ = _____

6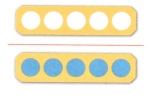

    _____ + _____ = _____   _____ + _____ = _____

7 1 + 1 = ____   3 + 3 = ____   5 + 5 = ____   7 + 7 = ____   9 + 9 = ____
   2 + 2 = ____   4 + 4 = ____   6 + 6 = ____   8 + 8 = ____   10 + 10 = ____

1 – 4 Spiegelbilder erzeugen. Ein Bild ist falsch. Falsches Bild durchstreichen.
5 – 6 Spiegelbild malen. Aufgaben schreiben.

Lösungshilfen beim Addieren

zu den Seiten 86/87

1 17 + 2 = ____   14 + 4 = ____   18 + 2 = ____
  7 + 2 = _9_   4 + 4 = ____   8 + 2 = ____

2 18 + 1 = ____   15 + 2 = ____   17 + 3 = ____

3 12 + 4 = ____ **4** 16 + 1 = ____ **5** 11 + 4 + 3 = ____
  16 + 4 = ____   15 + 3 = ____   12 + 5 + 3 = ____
  11 + 8 = ____   17 + 3 = ____   14 + 2 + 3 = ____
  15 + 2 = ____   14 + 3 = ____   13 + 3 + 3 = ____

6 4 + 13 = ____   2 + 16 = ____   3 + 15 = ____
  13 + 4 = ____   16 + 2 = ____   15 + 3 = ____

7 1 + 17 = ____   2 + 16 = ____   1 + 16 = ____

8 2 + 13 = ____ **9** 4 + 16 = ____ **10** 3 + 2 + 15 = ____
  3 + 16 = ____   3 + 12 = ____   4 + 3 + 11 = ____
  3 + 15 = ____   5 + 12 = ____   5 + 2 + 12 = ____
  4 + 13 = ____   4 + 11 = ____   1 + 6 + 13 = ____

11

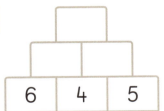 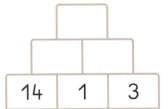 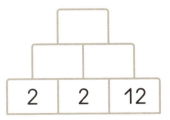

12

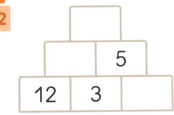 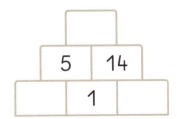 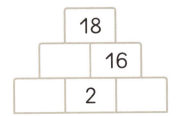

Schrittweises Addieren am Rechenstrich

1   9 + 4 = ____

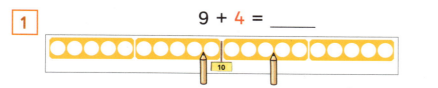 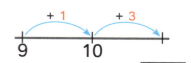

2   5 + 6 = ____

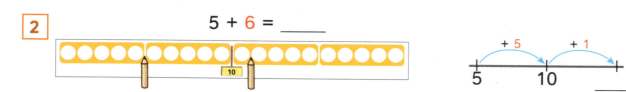 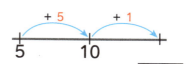

3   7 + 8 = ____

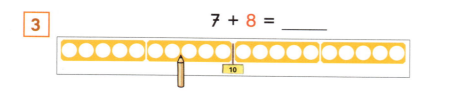 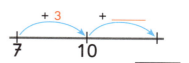

4   5 + 9 = ____

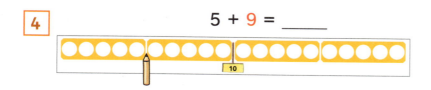 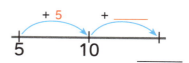

5   7 + 6 = ____

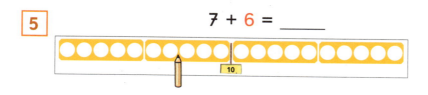 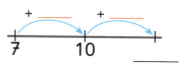

6   8 + 5 = ____

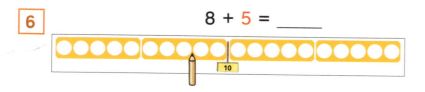 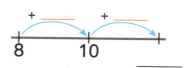

7   6 + 8 = ____

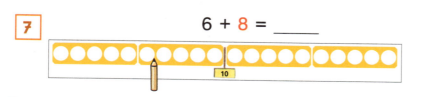 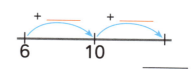

Schrittweises Addieren

zu den Seiten 90/91

1 6 + 7 = ____

Erst 4 bis 10, dann noch 3.

2 6 + 9 = ____

3 8 + 7 = ____

4 7 + 7 = ____

5 8 + 4 = ____

Tipp für die 9

6 8 + 9 = ____   7 + 9 = ____   3 + 9 = ____
   8 + 10 = ____

7 9 + 4 = ____   9 + 6 = ____   9 + 3 = ____

8 5 + 10 = ____   9 + 9 = ____   6 + 9 = ____   7 + 10 = ____
   5 + 9 = ____   9 + 10 = ____ 6 + 6 = ____   7 + 9 = ____
   5 + 5 = ____   9 + 4 = ____   6 + 10 = ____ 7 + 7 = ____

9

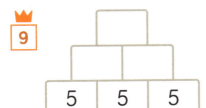 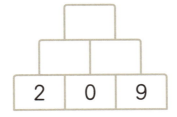 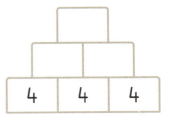

10

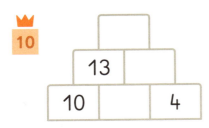 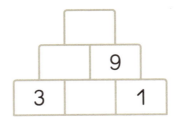 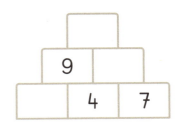

43

Übungen zum Addieren

1
2 + 9 = 11   K
0 + 1 = ___
9 + 3 = ___
2 + 0 = ___

K

2
7 + 5 = ___
1 + 0 = ___
11 + 2 = ___
9 + 4 = ___

3
20 + 3 = ___
3 + 2 = ___
6 + 6 = ___
13 + 3 = ___
4 + 1 = ___

4
3 + 3 = ___
12 + 3 = ___
2 + 6 = ___
8 + 4 = ___
0 + 5 = ___
7 + 7 = ___

5
2 + 2 + 2 = ___
2 + 2 + 1 = ___
9 + 8 + 1 = ___
8 + 1 + 2 = ___
0 + 1 + 4 = ___
2 + 1 + 9 = ___

6
4 + 1 + 6 = ___
1 + 4 + 4 = ___
9 + 10 + 1 = ___
10 + 10 + 6 = ___

Sechser-Pack

zu Seite 92

4 Zahlen
6 Aufgaben

1
9, 3, 7, 1
3 + 1 = 4
__ + __ = 8
__ + __ = 10
__ + __ = 10
__ + __ = 12
__ + __ = 16

2
4, 9, 7, 10
__ + __ = 11
__ + __ = 13
__ + __ = 14
__ + __ = 16
__ + __ = 17
__ + __ = 19

3
3, 2, 7, 9
__ + __ = 5
__ + __ = 9
__ + __ = 10
__ + __ = 11
__ + __ = 12
__ + __ = 16

4
4, 5, 9, 8
__ + __ = 9
__ + __ = 12
__ + __ = 13
__ + __ = 13
__ + __ = 14
__ + __ = 17

5
10, 5, 1, 8
__ + __ = 6
__ + __ = 9
__ + __ = 11
__ + __ = 13
__ + __ = 15
__ + __ = 18

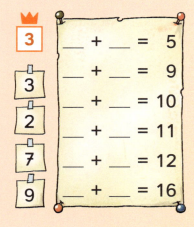
Wie heißt die Zahlenkarte?

6
4, 6, 2, __
__ + __ = 6
__ + __ = 8
__ + __ = 10
__ + __ = 10
__ + __ = 12
__ + __ = 14

7
11, 3, 9, __
__ + __ = 8
__ + __ = 12
__ + __ = 14
__ + __ = 14
__ + __ = 16
__ + __ = 20

8
4, 6, 12, __
__ + __ = 10
__ + __ = 11
__ + __ = 13
__ + __ = 16
__ + __ = 18
__ + __ = 19

9
13, 4, 3, __
__ + __ = 7
__ + __ = 10
__ + __ = 11
__ + __ = 16
__ + __ = 17
__ + __ = 20

10
15, 5, 4, __
__ + __ = 6
__ + __ = 7
__ + __ = 9
__ + __ = 17
__ + __ = 19
__ + __ = 20

Kombinieren

1 Verschiedene Fische. Findest du alle?

2 Drei Fische sind doppelt. Streiche die doppelten Fische einmal weg.

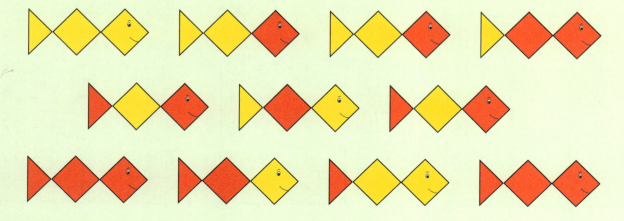

1 Aus einem mittleren Quadrat und zwei kleinen Dreiecken verschiedene Fische legen, Lösungen malen.

Schwester-Aufgabe als Lösungshilfe

zu Seite 98

1 14 − 2 = ___   15 − 3 = ___   16 − 3 = ___
    4 − 2 = ___   5 − 3 = ___   6 − 3 = ___

Die kleine Schwester hilft.

2 17 − 5 = ___   18 − 4 = ___   19 − 3 = ___
    _____   _____   _____

3 17 − 4 = ___   **4** 19 − 2 = ___   **5** 13 − 1 − 2 = ___
    12 − 1 = ___   16 − 1 = ___   16 − 4 − 1 = ___
    15 − 4 = ___   15 − 5 = ___   15 − 1 − 2 = ___
    18 − 5 = ___   19 − 6 = ___   16 − 5 − 1 = ___

6 16 − 2 = ___   16 − 3 = ___   16 − 4 = ___   16 − 5 = ___

7 19 − 1 = ___   19 − 2 = ___   19 − 3 = ___   19 − 4 = ___

8 18 − 1 = ___   18 − 2 = ___   _____   _____

9 17 − 1 = ___   17 − 2 = ___   _____   _____

10 19 − 5 = ___   19 − 6 = ___   _____

11 13 − 2 = ___   **12** 15 − 3 = ___   **13** 17 − 6 = ___
    14 − 2 = ___   16 − 3 = ___   18 − 6 = ___
    15 − 2 = ___   17 − 3 = ___   _____
    _____   _____

Subtrahieren unter die 10

1 17 − 8 = ___
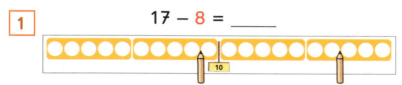 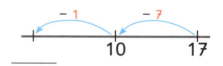

2 15 − 9 = ___
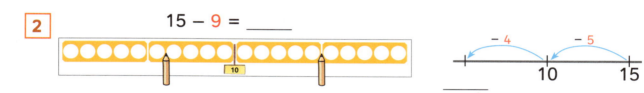 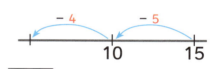

3 16 − 7 = ___
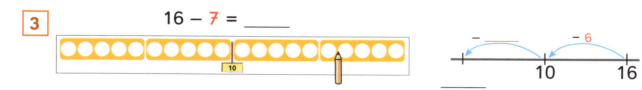 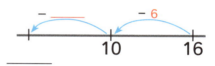

4 14 − 8 = ___
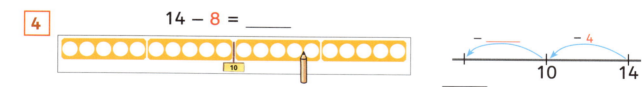 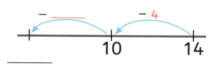

5 15 − 6 = ___
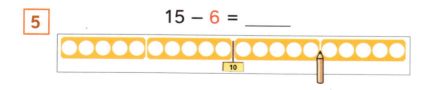 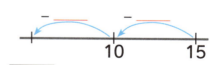

6 13 − 6 = ___
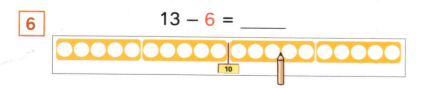 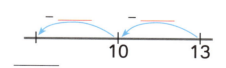

7 12 − 5 = ___
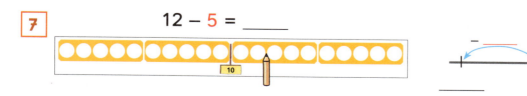 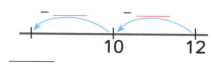

Schrittweises Subtrahieren

zu den Seiten 100/101

[1] 14 − 7 = ____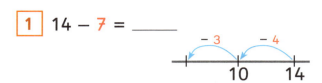

Erst 4 bis 10, dann noch 3.

[2] 12 − 7 = ____

[3] 11 − 6 = ____

[4] 15 − 8 = ____

[5] 14 − 5 = ____

[6] 13 − 7 = ____

[7] 12 − 6 = ____

Tipp für die 9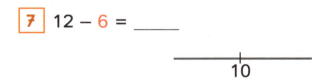

[8] 17 − 9 = ____   18 − 9 = ____   13 − 9 = ____
17 − 10 = ____

[9]
16 − 10 = ____   13 − 3 = ____   17 − 9 = ____   14 − 4 = ____
16 − 6 = ____   13 − 10 = ____   17 − 10 = ____   14 − 10 = ____
16 − 9 = ____   13 − 9 = ____   17 − 7 = ____   14 − 9 = ____

[10]
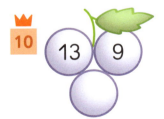  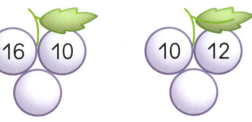

[11]
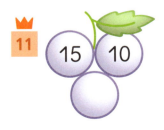 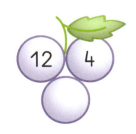 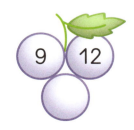 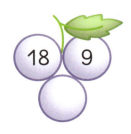

[10] – [11] In jeder Aufgabe ist eine Traube faul: Durchstreichen.

Übungen zum Subtrahieren

1
11 − 9 = 2   B
19 − 10 = ___
10 − 8 = ___
14 − 9 = ___
20 − 2 = ___

B

2
10 − 5 = ___
22 − 1 = ___
15 − 3 = ___
15 − 10 = ___

3
20 − 7 = ___
8 − 7 = ___
21 − 0 = ___
21 − 2 = ___

4
17 − 9 = ___
18 − 9 = ___
19 − 1 = ___
20 − 1 = ___
11 − 8 = ___
12 − 4 = ___

5
18 − 0 = ___
11 − 6 = ___
18 − 10 = ___

6
20 − 5 − 2 = ___
20 − 10 − 9 = ___
22 − 2 − 2 = ___
14 − 9 − 1 = ___
15 − 9 − 1 = ___
25 − 5 − 2 = ___

Nachbaraufgaben im Minus-Segel

zu den Seiten 102/103

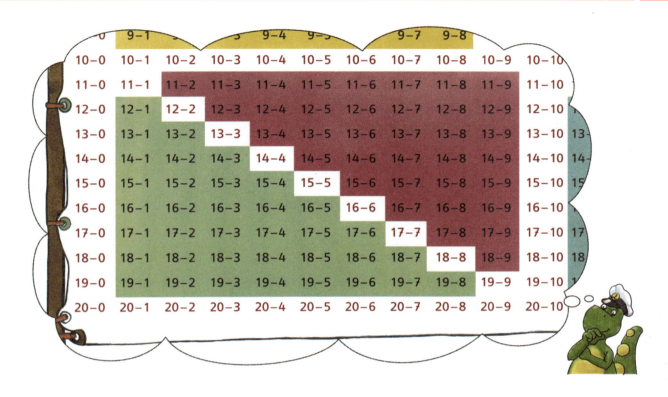

1 11 − 5 = ___   11 − 6 = ___   11 − 7 = ___   _____

2 14 − 1 = ___   14 − 2 = ___   _____

3 16 − 3 = ___   _____

4
10 − 5 = ___
11 − 5 = ___
12 − 5 = ___

5
11 − 2 = ___
12 − 2 = ___
13 − 2 = ___

6
15 − 3 = ___
16 − 3 = ___
17 − 3 = ___

7
16 − 7 = ___
17 − 7 = ___

8
14 − 6 = ___
15 − 6 = ___

9
13 − 8 = ___
14 − 8 = ___

51

Minus-Trauben

1 – **5** Eine Traube ist faul. Durchstreichen.

Körper

zu den Seiten 106–109

1 Was passt? Verbinden. **2** – **4** Farbmuster in jeder Reihe fortsetzen.

53

Lagebeziehungen

1

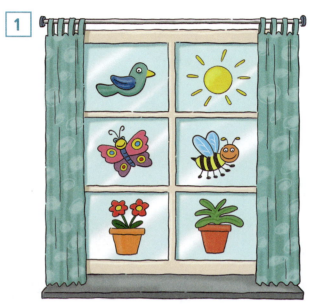

oben links:
oben rechts:
Mitte links:
Mitte rechts:
unten links:
unten rechts:

2

hinten links:
hinten Mitte:
hinten rechts:
vorne links:
vorne Mitte:
vorne rechts:

3 Male alle Fische, die nach rechts schwimmen rot.
Male alle Fische, die nach links schwimmen lila.

rote Fische: _____
lila Fische: _____

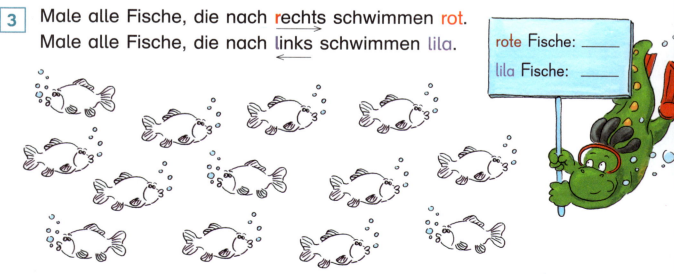

1 – **2** Was ist da? Durchstreichen, was nicht passt. **3** Erst malen, dann zählen.

Sachrechnen

zu den Seiten 112–114

1 Auf der Wiese sind _____ Kinder. _____ Kinder kommen dazu.

🔴 Wie viele Kinder sind es zusammen?

🟡 _____ + _____ = _____

🟢 _____ Kinder sind es zusammen.

2 Auf der Wiese sind _____ Kinder. _____ Kinder kommen dazu.

🔴 Wie viele Kinder _____?

🟡 _____ + _____ = _____

🟢 _____

3 Vorher waren es _____ Kinder. _____ Kinder gehen weg.

🔴 Wie viele Kinder bleiben?

🟡 _____ − _____ = _____

🟢 _____ Kinder bleiben.

4 Vorher waren es _____ Kinder. _____ Kinder gehen weg.

🔴 Wie viele _____?

🟡 _____ − _____ = _____

🟢 _____

Skizze als Lösungshilfe

1 Immer zwei Perlen blau, eine Perle lila.

● Welche Farbe hat die 16. Perle?

● Die 16. Perle ist _____.

2 Immer zwei Perlen blau, zwei Perlen orange.

● Welche Farbe hat die 16. Perle?

● Die 16. Perle ist _____.

3 Immer zwei Perlen blau, eine Perle rosa, drei Perlen lila.

● Welche Farbe hat die 16. Perle?

● Die 16. Perle ist _____.

4 Immer zwei Perlen blau, zwei Perlen orange, vier Perlen braun.

● Welche Farbe hat die 20. Perle?

● Die 20. Perle ist _____.

5 Immer zwei Perlen blau, vier Perlen orange, zwei Perlen braun.

● Welche Farbe hat die 20. Perle?

● Die 20. Perle ist _____.

zu Seite 118

Den Zahlenblick schärfen

1
10 + 9 + 1 = 20 T
19 − 9 − 1 = ___
16 − 6 − 3 = ___
18 − 8 − 5 = ___
7 + 3 + 8 = ___
T

2
6 + 1 + 4 = ___
11 − 7 − 3 = ___
5 + 3 + 5 = ___
15 − 6 − 4 = ___
3 + 2 + 7 = ___

3
11 + 9 + 6 = ___
14 − 5 − 4 = ___
12 − 7 − 3 = ___
4 + 8 + 6 = ___
19 − 9 − 9 = ___

4
18 − 5 − 8 = ___
2 + 9 + 1 = ___
14 − 5 − 4 = ___
17 − 4 − 7 = ___
20 − 9 − 10 = ___
8 + 4 + 2 = ___
10 + 7 + 3 = ___

5
5 + 1 + 5 = ___
8 + 3 + 7 = ___
6 + 5 + 4 = ___
8 + 2 + 1 = ___
5 + 6 + 4 = ___
18 − 6 − 8 = ___
17 − 1 − 7 = ___
2 + 4 + 6 = ___

58

Entdecker-Päckchen

zu Seite 119

1
12 + 6 = __18__
11 + 6 = ____
10 + 6 = ____
_9 + 6 =_
____

2
11 + 5 = ____
10 + 5 = ____
 9 + 5 = ____
____
____

3
8 + 8 = ____
7 + 8 = ____
6 + 8 = ____
____
____

4 Regel (1 2 3)
Erste Zahl immer ___1 weniger___,
zweite Zahl immer _____,
Ergebnis immer _____.

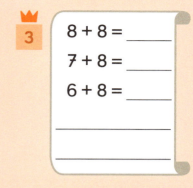

5
5 + 8 = ____
6 + 7 = ____
7 + 6 = ____
____
____

6
8 + 7 = ____
9 + 6 = ____
10 + 5 = ____
____
____

7
11 + 9 = ____
12 + 8 = ____
13 + 7 = ____
____
____

8 Regel (5 6 7)
Erste Zahl immer _____,
zweite Zahl immer _____,
Ergebnis immer _____.

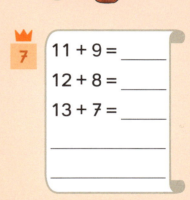

9
13 − 3 = ____
14 − 4 = ____
15 − 5 = ____
____
____

10
15 − 4 = ____
16 − 5 = ____
17 − 6 = ____
____
____

11
11 − 5 = ____
12 − 6 = ____
13 − 7 = ____
____
____

12 Regel (9 10 11)
Erste Zahl immer _____,
zweite Zahl immer _____,
Ergebnis immer _____.

1 − **3**, **5** − **7**, **9** − **11** Aufgabenfolge fortsetzen. **4**, **8**, **12** Regel ergänzen.

Rechentürme

Von Turm zu Turm oben immer _____ .

Oben immer _____ .

Rechentürme: Zwei übereinander stehende Zahlen addieren, das Ergebnis darüber schreiben.

Weiter im Subtrahieren

zu den Seiten **122/123**

"Die kleine Schwester hilft."

1 18 – 15 = ___   17 – 14 = ___   19 – 12 = ___
     8 – 5 = ___   7 – 4 = ___   9 – 2 = ___

2 16 – 12 = ___   18 – 14 = ___   14 – 13 = ___
     _____   _____   _____

3 16 – 13 = ___   18 – 13 = ___   19 – 13 = ___   17 – 16 = ___
     16 – 14 = ___   18 – 11 = ___   19 – 16 = ___   17 – 13 = ___
     16 – 11 = ___   18 – 16 = ___   19 – 14 = ___   17 – 15 = ___

4
15 – 15 = ___
16 – 15 = ___
17 – 15 = ___
_____

5
15 – 13 = ___
16 – 13 = ___
_____
_____

6
17 – 14 = ___
18 – 14 = ___
_____
_____

7
14 – 11 = ___
15 – 11 = ___
_____
_____

8
16 – 12 = ___
17 – 12 = ___
_____
_____

9
15 – 14 = ___
_____
_____
_____

10
17 – 15 = ___
_____
_____
_____

4 – **10** Fehlende Aufgaben aus dem Minus-Segel eintragen und rechnen.

61

Mit Geld rechnen

1 Leo kauft

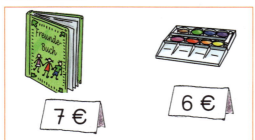

● Wie viel Euro zahlt Leo?
● _____
● _____ € zahlt Leo.

2 Emmi kauft

● Wie viel Euro zahlt Emmi?
● _____
● _____ zahlt Emmi.

3 Murat kauft

● _____
● _____
● _____

4

Jana

Jana hat _____. Sie zahlt _____.
● Wie viel Euro hat Jana noch?
● _____
● _____ hat Jana noch.

5

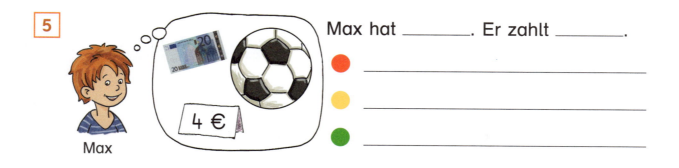

Max

Max hat _____. Er zahlt _____.
● _____
● _____
● _____

Kalender

zu Seite 129

1 Suche Montag, den 4. Juli im Kalender. Kreise diesen Tag ein.

vorgestern		___ Juli
gestern		___ Juli
heute	Mo	4. Juli
morgen		___ Juli
übermorgen		___ Juli

2 Schreibe alle Montage im Juli auf.

4. , ___ , ___ , ___

Schreibe alle Freitage im Juli auf.

___ , ___ , ___ , ___ , ___

3 Welcher Wochentag ist es? Trage ein.

6. Juli _____   22. Juli _____
31. Juli _____   2. Juli _____
12. Juli _____   19. Juli _____

4 Zahlines Termine im Juli.

Freizeitpark: _Samstag, 9. Juli_
Schulfest: _____
Augenarzt: _____
Kino mit Zahlix: _____
Abreise Urlaub: _____
Fußballturnier: _____

5 Lea hat ___ Tage **nach** Kara Geburtstag.
Tom hat ___ Tage **nach** Lea Geburtstag.
Kara hat ___ Tage **vor** Tom Geburtstag.

Juli 2016

Fr 1. Juli
Sa 2. Juli Schulfest
So 3. Juli
Mo 4. Juli
Di 5. Juli
Mi 6. Juli Kino mit Zahlix
Do 7. Juli
Fr 8. Juli
Sa 9. Juli Freizeitpark
So 10. Juli
Mo 11. Juli Beginn Sommerferien
Di 12. Juli Augenarzt
Mi 13. Juli
Do 14. Juli Geb. Kara
Fr 15. Juli
Sa 16. Juli
So 17. Juli Fußballturnier
Mo 18. Juli
Di 19. Juli
Mi 20. Juli Geb. Lea
Do 21. Juli
Fr 22. Juli
Sa 23. Juli ⎫ Urlaub
So 24. Juli ⎬ Urlaub
Mo 25. Juli ⎭ Urlaub
Di 26. Juli
Mi 27. Juli
Do 28. Juli Geb. Tom
Fr 29. Juli
Sa 30. Juli
So 31. Juli

Uhr

1 Ein Tag in den Sommerferien.

 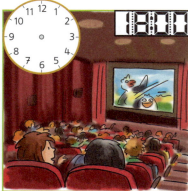 

2

2 Uhr   _____   _____   _____   _____

3

6 Uhr   9 Uhr   11 Uhr   _____   _____
_____   20 Uhr   17 Uhr

4 Ich stehe um _____ Uhr auf.

Um _____ Uhr beginnt die Schule.

Um _____ Uhr gibt es Mittagessen.

Um _____ Uhr gehe ich ins Bett.

1 Zeiger zeichnen. **2** Uhrzeiten schreiben. **3** Zeiger zeichnen, Uhrzeiten schreiben.